Anthony de Mello

Kraft aus der Stille

Mit Fotografien von
Jörn Sackermann

HERDER

FREIBURG · BASEL · WIEN

Ausgewählt und herausgegeben von Ludger Hohn-Morisch

„Die Bücher von Anthony de Mello wurden in einem multireligiösen Kontext verfasst und sollten Anhängern anderer Religionen, Agnostikern und Atheisten eine Hilfe bei ihrer geistlichen Suche sein. Sie sind, entsprechend dieser Intention des Autors, nicht als Darstellungen des christlichen Glaubens oder als Interpretationen katholischer Dogmen zu verstehen"
(X. DIAZ DEL RIO S.J., GUJARAT SAHITYA PRAKASH).

Bilder S. 10f: Bernhard Vollmer, S. 82f: Wolfgang Müller

www.herder.de
Gesamtgestaltung: Hartmann und Kampa, München
Satz: Uwe Stohrer, Freiburg i. Br.
Herstellung: freiburger graphische betriebe 2003
www.fgb.de
Gedruckt auf umweltfreundlichem,
chlorfrei gebleichtem Papier
ISBN 3-451-28179-1

INHALT

Lauscht! –
Zum Geleit

Die Lieder der Vögel,
das Summen der Insekten
verkünden die Wahrheit
wie ein Trompetenstoß.
Gräser und Blumen
weisen den Weg.
Lauscht!

Geht in Euer Herz!

Sagte der Meister zu dem Geschäftsmann:
„Wie der Fisch zugrunde geht auf dem Trockenen, so geht Ihr zugrunde, wenn Ihr Euch verstrickt in den Dingen der Welt. Der Fisch muss zurück in das Wasser – Ihr müsst zurück in die Einsamkeit."
Der Geschäftsmann war entsetzt. „Muss ich mein Geschäft aufgeben und in ein Kloster gehen?"
„Nein, nein, behaltet Euer Geschäft und geht in Euer Herz!"

Adler im Hühnerhof

Ein Mann fand ein Adlerei und legte es in das Nest einer gewöhnlichen Henne. Der kleine Adler schlüpfte mit den Küken aus und wuchs zusammen mit ihnen auf. Sein ganzes Leben lang benahm sich der Adler wie die Küken, weil er dachte, er sei ein Küken aus dem Hühnerhof. Er kratzte in der Erde nach Würmern und Insekten. Er gluckte und gackerte. Und ab und zu hob er seine Flügel und flog ein Stück, genau wie die Küken. Schließlich hat ein Küken so zu fliegen, stimmt's?

Jahre vergingen, und der Adler wurde sehr alt.
Eines Tages sah er einen herrlichen Vogel hoch über sich im wolkenlosen Himmel. Hoheitsvoll schwebte er durch die heftigen Windströmungen, fast ohne mit seinen kräftigen goldenen Flügeln zu schlagen.
Der alte Adler blickte ehrfürchtig empor. „Wer ist das?“, fragte er seinen Nachbarn.
„Das ist der Adler, der König der Vögel“, sagte der Nachbar. „Aber reg dich nicht auf. Du und ich sind von anderer Art.“
Also dachte der Adler nicht weiter an diesen Vogel. Er starb in dem Glauben, ein Huhn im Hühnerhof zu sein.

Die Waldkirche

Es war einmal ein Wald, in dem die Vögel bei Tag und
die Insekten bei Nacht sangen. Bäume gediehen,
Blumen blühten und alle Art von Kreatur freute sich
des Lebens in Freiheit.
Und jeder, der diesen Wald betrat, wurde hingeführt zur
Einsamkeit, die die Heimat Gottes ist, der im Schweigen
der Natur und ihrer Schönheit wohnt.
Doch dann begann das Zeitalter des bewusstlosen
Handelns, als es den Menschen möglich wurde,
dreihundert Meter hohe Gebäude zu errichten und inner-
halb eines einzigen Monats Flüsse, Wälder und Berge
zu zerstören. Man baute Häuser für den Gottesdienst
aus dem Holz der Waldbäume und aus den Steinen im
Waldboden. Kirchtürme und Minarette ragten in den
Himmel, die Luft war erfüllt von Glockengeläut, Gebet,
Gesang und Ermahnung.
Und plötzlich hatte Gott kein Haus mehr.

Der Wahrheitsladen

Ich konnte kaum meinen Augen trauen, als ich den Namen des Ladens sah: „Wahrheitsladen“. Dort wurde Wahrheit verkauft. Der Verkäufer war sehr höflich: Welche Art Wahrheit ich kaufen wolle, Teilwahrheiten oder die ganze Wahrheit? – Natürlich die ganze Wahrheit. Nichts da mit Trugbildern, Rechtfertigungen, moralischen Mäntelchen. Ich wollte meine Wahrheit schlicht und klar und ungeteilt. Er winkte mich in eine andere Abteilung des Ladens, wo die ganze Wahrheit verkauft wurde, sah mich mitleidig an und zeigte auf das Preisschild. „Der Preis ist sehr hoch“, sagte er.

„Wie viel?“, fragte ich, entschlossen, die ganze Wahrheit zu erwerben, gleichgültig, was sie kostete.
„Wenn Sie diese hier nehmen“, sagte er, „bezahlen Sie mit dem Verlust Ihrer Ruhe und Gelassenheit, und zwar für den Rest Ihres Lebens.“
Traurig verließ ich den Laden. Ich hatte gedacht, ich könnte die ganze Wahrheit billig bekommen.
Ich bin noch nicht bereit für die Wahrheit. Immer wieder sehne ich mich nach Ruhe und Frieden. Ich habe es noch nötig, mich mit Rechtfertigungen und moralischen Mäntelchen zu täuschen. Ich suche immer noch Schutz bei meinen nicht in Frage gestellten Anschauungen

Betrachte den Bambus!

Unser Hund Brownie saß in perfekter Habachtstellung mit gespitzten Ohren, nervös mit dem Schwanz wedelnd, und blickte aufmerksam hinauf in einen Baum. Er hatte es auf einen Affen abgesehen. Nur eine Sache beschäftigte ihn: der Affe. Und da er nicht denken kann, störte kein einziger Gedanke seine völlige Versenkung: kein Gedanke daran etwa, was er abends fressen würde, ob es überhaupt etwas zum Fressen geben oder wo er schlafen würde. Ich habe noch kein Wesen gesehen, das dem Inbegriff von Kontemplation so nahe kam wie Brownie.

Vielleicht hast du selbst schon einmal Ähnliches erfahren, z. B. bei der Beobachtung eines spielenden Kätzchens, das dich völlig in Anspruch nahm.
Das ist ein Weg, um einen Zustand der Versenkung zu erreichen, der nicht schlechter ist als andere, die ich kenne: sich völlig der Gegenwart hingeben.
Ein bisschen viel verlangt, in der Tat: jeden Gedanken an die Zukunft fallen lassen, desgleichen jeden Gedanken an die Vergangenheit – im Grunde jeden Gedanken überhaupt –, auch jede Zeitrechnung und völlig in der Gegenwart leben. Damit wird man Versenkung erleben!

Schmetterlingsweisheit

„Das Glück ist ein Schmetterling", sagte der Meister.
„Jag ihm nach, und er entwischt dir. Setz dich hin,
und er lässt sich auf deiner Schulter nieder."
„Was soll ich also tun, um das Glück zu erlangen?"
„Hör auf, hinter ihm her zu sein."
„Aber gibt es nichts, was ich tun kann?"
„Du könntest versuchen, dich ruhig hinzusetzen,
wenn du es wagst."

Das Geheimnis

Ein Geschäftsmann wollte vom Meister wissen,
was das Geheimnis eines erfolgreichen Lebens sei.
Sagte der Meister: „Mach jeden Tag einen Menschen glücklich!“
Und er fügte als nachträglichen Gedanken hinzu:
„... selbst wenn dieser Mensch du selbst bist.“
Nur wenig später sagte er:
„Vor allem wenn dieser Mensch du selbst bist.“

Ich wurde zornig ...

Auf der Straße traf ich ein kleines Mädchen, zitternd in einem dünnen Kleid, ohne Hoffnung, etwas Warmes zu essen zu bekommen. Ich wurde zornig und sagte zu Gott: „Wie kannst du das zulassen? Warum tust du nichts dagegen?“ Eine Zeit lang sagte Gott nichts. Aber in der Nacht antwortete er ganz plötzlich: „Ich habe wohl etwas dagegen getan. Ich habe dich geschaffen.“

Alles, was dein Herz begehrt

Eine Frau träumte, sie beträte einen ganz neuen Laden am Markt, und zu ihrem Erstaunen stand Gott hinter dem Ladentisch. „Was verkaufst du hier?“, fragte sie. „Alles, was dein Herz begehrt“, sagte Gott. Die Frau wagte kaum zu glauben, was sie hörte, beschloss aber, das Beste zu verlangen, was ein Mensch sich nur wünschen konnte. „Ich möchte Frieden für meine Seele und Liebe und Glück, und weise möchte ich sein und nie mehr Angst haben“, sagte sie. Nach kurzem Nachdenken fügte sie hinzu: „Nicht nur für mich allein, sondern für alle Menschen auf der Erde.“ Gott lächelte: „Ich glaube, du hast mich falsch verstanden, meine Liebe“, sagte er, „wir verkaufen hier keine Früchte, nur die Samen.“

Tausend und eine Rosenblüte

Der Gouverneur kündigte seinen Besuch an, um im Klostergarten eine Rosenhecke zu besichtigen, die über und über in den exotischsten Farben blühte. Als er vor der Hecke stand, fand er daran zu seiner Überraschung nur noch eine einzige Rosenblüte. Er hörte, dass der Meister alle anderen Blüten abgeschnitten hatte, und fragte ihn nach dem Grund. „Hätte ich sie daran gelassen, hättest du nicht eine von ihnen gesehen", erklärte der Meister. Und nach einer kurzen Pause fügte er hinzu: „Du hast dich immer mehr an die große Menge gewöhnt, mein Freund. Wann hast du das letzte Mal eine einzelne Person gesehen?"

Froschperspektiven

Ein Frosch hatte sein Leben lang in einem Brunnen gewohnt. Eines Tages sah er zu seinem Erstaunen einen anderen Frosch. „Woher kommst du?“, fragte er.
„Aus dem Meer, dort lebe ich“, sagte der andere.
„Wie ist das Meer? Ist es so groß wie mein Brunnen?“
Der Meeresfrosch lachte: „Das ist nicht zu vergleichen“, sagte er.
Der Brunnenfrosch tat so, als sei er daran interessiert, was sein Besucher über das Meer zu berichten habe. Aber er dachte: Unter all den Lügnern, die ich in meinem Leben kennen gelernt habe, ist dieser hier zweifellos der größte.

Wie soll man einem Frosch im Brunnen vom Ozean erzählen oder einem Ideologen von der Wirklichkeit?

Warum der Schäfer jedes Wetter liebt

Ein Wanderer: „Wie wird das Wetter heute?“
Der Schäfer: „So, wie ich es gerne habe.“
„Woher wisst Ihr, dass das Wetter so sein wird, wie Ihr es liebt?“
„Ich habe die Erfahrung gemacht, mein Freund, dass ich nicht immer das bekommen kann, was ich gerne möchte.
Also habe ich gelernt, immer das zu mögen, was ich bekomme.
Deshalb bin ich ganz sicher:
Das Wetter wird heute so sein, wie ich es mag.“

Spuren in den Wolken

Um das Leben zu sehen, wie es wirklich ist, hilft nichts so sehr wie die Tatsache des Todes. Ich stelle mir vor: Hundert Jahre sind nach meinem Tod vorübergegangen und ich komme noch einmal wieder. Außer ein bis zwei vergilbten Fotografien in einem Album oder an einer Wand und der Inschrift auf meinem Grabstein ist kaum etwas von mir übrig geblieben, nicht einmal die Erinnerung meiner Freunde, weil keiner mehr lebt ... Trotzdem forsche ich nach Spuren, die von meiner Existenz vielleicht noch auf der Erde vorhanden sind ...

Ich schaue in mein Grab, finde eine Handvoll Staub und zerbröckelte Knochen im Sarg. Meine Augen bleiben an diesem Staub hängen, und ich denke an mein Leben zurück: Erfolge und Tragödien ... Ängste und Freuden ... Mühen, Konflikte ... Sehnsüchte und Wunschträume ... Liebe und Abneigung ... all das, was mein Leben ausgemacht hat. Und all das ist nun vom Wind verweht, vom Universum verschlungen ... Nur noch ein wenig Staub ist übrig geblieben als Zeichen, dass es einmal etwas gegeben hat: mein Leben.

Wie ich so diesen Staub betrachte, kommt es mir vor, als fiele eine schwere Last von meinen Schultern – die Last meiner Einbildung, etwas zu bedeuten ...
Dann blicke ich auf und betrachte die Welt um mich her – die Bäume, die Vögel, die Erde, die Sterne, den Sonnenschein, den Schrei eines Säuglings, einen vorüberfahrenden Zug, die eilenden Wolken, den Tanz des Lebens und des Universums ... und ich weiß, dass in allem irgendwo die Überreste jenes Menschen sind, den ich „Ich" genannt habe, und jenes Lebens, welches das Meine war.

Zugvogels Fundament

„Ich sehne mich nach einem festen Grund, einem sicheren Fundament für mein Leben.“

„Sieh es doch so an“, sagte der Meister. „Was ist der feste Grund für den Zugvogel, der Kontinente überquert? Was ist das sichere Fundament für den Fisch, der vom Fluss in das Meer getragen wird?“

Kleiner Fischer schwänzt die Schule

Als der Meister mit einer Gruppe von Lehrern zusammentraf, unterhielt er sich lange und angeregt mit ihnen, denn er war selbst einmal Lehrer gewesen.

„Das Schlimme bei den Lehrern ist", sagte er, „dass sie immer wieder vergessen, was das Ziel der Erziehung ist: nicht das Lernen, sondern das Leben."

Und er erzählte, wie er einmal einen Jungen, der eigentlich in der Schule sein sollte, beim Fischen erwischte. „Hallo, ein schöner Tag zum Fischen!", sagte er zu dem Jungen.

„Ja", kam es kurz und bündig zurück.

Nach einer Weile fragte der Meister: „Warum bist du heute nicht in der Schule?“
„Nun, wie Sie ja eben selbst gesagt haben – es ist ein schöner Tag zum Fischen.“
Dann erzählte der Meister vom Schulzeugnis seiner kleinen Tochter, in dem als Bemerkung stand: „Meena ist eine gute Schülerin. Sie könnte noch bessere Noten erreichen, wenn ihre pure Lebensfreude nicht ihren Lernerfolg behindern würde.“

Schweigen ist dein tiefstes Wesen

Sagte der Meister:
„Als du noch im Mutterleib warst,
hast du geschwiegen.
Dann wurdest du geboren
und fingst an zu sprechen, sprechen, sprechen –
bis der Tag kommt, da man dich ins Grab legt.
Dann wirst du wieder still sein.
Fange dieses Schweigen ein,
das im Mutterleib war
und im Grab sein wird
und selbst jetzt dieses Intervall von Lärm
unterläuft, das Leben heißt.
Dieses Schweigen ist dein tiefstes Wesen.“

In die Stille lauschen

Wo immer ihr sein mögt,
schaut euch um,
auch wenn scheinbar
nichts zu sehen ist –
lauscht,
wenn alles scheinbar
still ist.

Tag wie Nacht

Ein Guru fragte seine Schüler, wie sie das Ende der Nacht vom Beginn des Tages unterscheiden könnten. Einer sagte: „Wenn man in der Entfernung ein Tier sieht und erkennt, ob es eine Kuh oder ein Pferd ist.“

„Nein“, sagte der Guru.

„Wenn man in der Entfernung einen Baum sieht und erkennt, ob es ein Paternosterbaum oder ein Mango ist.“

„Wieder falsch“, sagte der Guru.

„Also, wie denn?“, fragten die Schüler.

„Wenn man in das Gesicht eines Mannes blickt und darin seinen Bruder erkennt; wenn man in das Gesicht einer Frau blickt und in ihr seine Schwester erkennt. Wer dazu nicht fähig ist, für den ist – wo immer die Sonne auch stehen mag – Nacht.“

Leere Seiten

Der Meister behauptete, er habe ein Buch, das alles enthielte, was man überhaupt von Gott wissen könnte. Keiner hatte je das Buch gesehen, bis ein zu Besuch weilender Gelehrter mit seinen Bitten nicht nachließ und es dem Meister abrang. Er nahm es mit nach Hause und schlug es ungeduldig auf, um festzustellen, dass alle Seiten leer waren.

„Aber das Buch sagt ja gar nichts", jammerte der Gelehrte am nächsten Tag.

„Ich weiß", sagte der Meister befriedigt, „aber bedenkt, wie viel es andeutet!"

„Existiert Gott?“, fragte der Meister eines Tages.
„Ja“, sagten die Schüler im Chor.
„Falsch“, sagte der Meister.
„Nein“, sagten die Schüler.
„Wieder falsch“, sagte der Meister.
„Wie lautet die Antwort?“, fragten die Schüler.
„Es gibt keine Antwort.“
„Warum denn nicht?“
„Weil es keine Frage gibt“, sagte der Meister und erklärte später: „Wenn man nichts über Ihn sagen kann, über Ihn, der über Gedanken und Worte hinausgeht, wie kann man dann etwas fragen wollen?“

Wenn man auf den Geschmack kommt, wie schön es ist, gelobt und geschätzt zu werden, fängt man an, das zu brauchen. Das ist ein künstliches, anerzogenes Bedürfnis, eine Erfindung der menschlichen Gesellschaft. Es ist ein „weltliches Bedürfnis“, kein „seelisches Bedürfnis“.

Wer Wertschätzung und Liebe geschmeckt hat, fängt an herumzumanipulieren, um mehr davon zu bekommen. Wenn er es nicht bekommt, wird er unglücklich und deprimiert, verkauft sich dafür unter seinem Preis, stellt in dessen Licht Vergleiche an und benutzt es, um sich damit Macht und Ansehen zu verschaffen.

Seelen-Gefühl

Wir brauchen weniger „Welt-Gefühl“ und mehr „Seelen-Gefühl“ wie etwa Freude an der Natur, Nähe zu anderen Menschen, den Zauber eines Sonnenuntergangs, Lachen, den Genuss der Sinnesempfindungen, die sich nicht durch Zwang oder als Ersatzhandlungen herbeiführen lassen.

Der letzte Ort

Man erzählte, dass Gott selbst einmal den Rat des Meisters einholte: „Ich möchte mit den Menschen Versteck spielen. Ich habe meine Engel gefragt, wo man mich am besten verstecken könnte. Einige sagten, in der Tiefe des Ozeans, andere auf dem höchsten Berggipfel, wieder andere auf der erdabgewandten Seite des Mondes oder auf einem fernen Stern. Was schlägst du vor?“ Sagte der Meister: „Verbirg dich im menschlichen Herzen. Das ist der letzte Ort, an den sie denken werden.“

Lächeln und schweigen

Das Leben ist wie eine Flasche voll berauschenden Weines. Einige begnügen sich damit, das Etikett auf der Flasche zu lesen. Einige probieren den Inhalt.
Buddha zeigte seinen Schülern einmal eine Blume und forderte jeden auf, etwas über sie zu sagen.
Sie betrachteten sie eine Weile schweigend.
Danach hielt ein Schüler eine philosophische Abhandlung über die Blume. Ein anderer verfasste ein Gedicht, wieder ein anderer ein Gleichnis. Alle waren bemüht, einander an Tiefsinn zu überbieten. – Sie etikettierten!
Mahakashyap blickte auf die Blume, lächelte und sagte nichts.
Nur er hatte sie gesehen.

Wie die Wolke am Himmel zieht …

Der Schüler fragte den Meister: „Was hat dir die Erleuchtung gebracht?“ Der Meister gab zur Antwort: „Vor meiner Erleuchtung war ich immer wieder deprimiert. Nach meiner Erleuchtung war ich weiterhin deprimiert. Aber es besteht ein großer Unterschied: Vor der Erleuchtung machte mich das Deprimiertsein unglücklich, aber jetzt nach der Erleuchtung kommt und geht das Deprimiertsein, ohne dass es mich umwirft, genau wie die Wolke über den Himmel zieht: Sie kommt und geht …“

Hänge dich an nichts

Wir haben immer alles, was wir brauchen, um glücklich zu sein. Aber meistens konzentrieren wir uns auf das, was wir wollen, aber nicht haben können, und das macht uns unglücklich.
Hänge dich an nichts im Leben. Freue dich an allem, während es dir vergönnt ist; aber denke immer daran, dass du es eines Tages zurücklassen musst. Du kannst nichts mitnehmen. Ist es das ganze Elend wert, das wir beim Versuch, es zu behalten, durchmachen?

Sonnenuntergänge

Die Zeit rührt an die Ewigkeit. Wie viele Millionen Sonnenuntergänge dieser Ort hier wohl schon erlebt hat? Ich muss an die Kraft des Lebens in den zahllosen Menschen denken, die schon vor uns Sonnenuntergängen zugesehen haben, und an die Millionen, die das noch nach uns tun werden. Du und ich, wir sind zwei unscheinbare und doch unendlich kostbare Teilchen im Herzen des Universums. Würden die Menschen die Unendlichkeit des Raumes auf sich wirken lassen und ihr Herz auf die Universale Seele einstimmen, dann würden sie mit der verrückten Jagd nach Macht und Reichtum bald aufhören.

Ein Wunder

Wenn du
einen Baum betrachtest
und einen Baum siehst,
hast du nicht den Baum gesehen.

Wenn du einen Baum betrachtest
und ein Wunder siehst,
dann hast du
einen Baum gesehen.

Achtsamkeit

Was macht einen Menschen
zum Genie?
Die Achtsamkeit zu erkennen:
den Schmetterling in einer Raupe,
den Adler in einem Ei,
den Heiligen in einem
selbstsüchtigen Menschen ...

Das Fehlen des Ich

Stille
ist nicht
das Fehlen
von Geräusch.

Stille ist
das Fehlen
des Ich.

Was macht es schon?

Du machst dir Sorgen darüber, das, was du gestern gesagt hast, könnte von einigen missverstanden worden sein. Dieses Missverständnis möchtest du erklären und ausräumen. Wenn du später größere Aufgaben übernimmst und mit vielen Menschen an vielen Orten zu tun hast, werden dich sicher viele missverstehen. Wolltest du dann alle diese Missverständnisse beheben, müsstest du am Ende pausenlos im Land herumfahren ...
Was macht es schon, wenn dich manche missverstehen?
Was macht das aus?

Menschen ändern sich nicht

Je älter ich werde, desto mehr finde ich mich mit
der Tatsache ab, dass die Menschen so sind, wie sie sind.
Am besten wäre es wohl, dies zu akzeptieren und damit
leben zu lernen.
Ich denke, ein Großteil unserer Probleme rührt daher,
dass wir verlangen oder erwarten oder hoffen,
dass Menschen sich ändern. Das tun sie nicht.

Zu enger Heiligenschein

Ein Mann kam zu einem Arzt und sagte: „Doktor, ich habe wahnsinnige Kopfschmerzen, die ich nie loswerde. Könnten Sie mir nicht etwas dagegen geben?“

„Durchaus“, sagte der Arzt, „aber zunächst möchte ich einige Dinge abklären. Sagen Sie, trinken Sie viel Alkohol?“

„Alkohol?“, erwiderte der Mann empört. „Dieses widerliche Zeug rühre ich nicht an.“

„Wie steht’s mit dem Rauchen?“

„Ich finde Rauchen ekelhaft. Nie in meinem Leben habe ich Tabak auch nur angefasst.“

„Es ist mir etwas peinlich, diese Frage zu stellen, aber Sie kennen ja die Männer ... treiben Sie sich nachts herum?“

„Natürlich nicht. Für wen halten Sie mich?
Ich bin jeden Abend spätestens um zehn Uhr im Bett.“

„Sagen Sie“, fragte der Arzt, „ist dieses Kopfweh von dem Sie sprechen, ein scharfer, stechender Schmerz?“

„Ja“, sagte der Mann. „Das ist es – ein scharfer, stechender Schmerz.“

„Ganz einfach, mein Lieber! Ihr Problem liegt darin,
dass Ihr Heiligenschein zu stramm sitzt. Wir brauchen ihn nur etwas zu lockern.“

Wo dein Glück zu Hause ist

Werde reifer, indem du über deine Sorgen und Ängste hinauswächst, in denen du durch unbewusste Prägungen noch gefangen bist. Durchschaue diese alten Prägungen und ihren Einfluss auf dein gegenwärtiges Leben immer tiefer und sieh, wie sie dich sogar noch in deiner Lebensmitte auf dem Stand eines Jugendlichen festhalten. Wach auf und schau, wo dein Glück zu Hause ist.

Tief in sich hineinhorchen

Alles Leiden
kommt
von der Unfähigkeit
eines Menschen,
still zu sitzen,
allein zu sein
und tief in sich
hineinzuhorchen.

Das Leben leben lassen

Als der Meister gefragt wurde,
warum er nicht aktiv
für Veränderungen eintrete,
antwortete er:
„Ruhig sitzen,
nichts tun,
der Winter geht,
der Frühling kommt,
und das Gras wächst –
das Leben leben lassen."

Der Fluss des Lebens

Der Fluss sagte
zum Suchenden:
„Muss man sich
wegen Erleuchtung ereifern?
Gleichgültig,
wohin ich mich wende –
ich bin unterwegs
nach Hause …“

Vergeben

Fragte ein Schüler:
„Wie soll ich
anderen vergeben?“

Antwortete der Meister:
„Wenn du nie verurteilst,
brauchst du einem anderen
nie vergeben.“

Das Geheimnis der Tür

Neulingen bewussten Lebens
pflegte der Meister zu sagen:
„Klopft an,
und die Tür
wird euch aufgetan.
Klopft also an!
Aber wie sollte die Tür
geöffnet werden,
wenn sie nicht
geschlossen war?“

Der Weg zur Erleuchtung

Fragten die Schüler:
„Ist der Weg zur Erleuchtung
schwierig oder leicht?“
Antwortete der Meister:
„Weder noch.“

Fragten die Schüler:
„Warum nicht?“
Der Meister:
„Weil sie nicht dort sind.“

Die Schüler:
„Wie reist man also
zum Ziel?“

Antwortete der Meister:
„Man reist nicht.
Hört auf zu reisen,
und ihr seid da ...“

Das liebende Herz

Was ist ein liebendes Herz? Ein liebendes Herz ist dem ganzen Leben gegenüber empfindsam, allen Menschen gegenüber. Ein liebendes Herz verschließt sich vor nichts und niemandem. Aber in dem Augenblick, da du abhängig wirst, blockierst du vieles andere. Du hast nur noch Augen für das, woran dein Herz hängt, hast nur noch Ohren für die Pauken, das Herz ist verhärtet, ja, es ist verblendet, denn es sieht das Objekt seiner Abhängigkeit nicht mehr objektiv. Liebe heißt ungetrübte Wahrnehmung, Objektivität; es gibt nichts, was so klarsichtig wäre wie die Liebe.

Weisheit der Tiere

Wenn du das Leben und die einfachen Sinnesfreuden wirklich genießen würdest – du wärst überrascht. Du würdest die außergewöhnliche Disziplin eines Tieres entwickeln. Ein Tier isst niemals zu viel, in seiner natürlichen Umgebung wird es nie zu dick. Es wird niemals etwas essen oder trinken, das seiner Gesundheit schaden könnte. Sie würden nie ein Tier Zigaretten rauchen sehen. Es bewegt sich so viel, wie es braucht.

Das haben wir verloren. Wir sind nur noch kopfgesteuert, haben uns in unseren Ideen und Idealen verloren, und ständig heißt es: weiter, weiter. Auch stehen wir in einem inneren Konflikt, den Tiere nicht haben. Wir machen uns selbst immer wieder Vorwürfe und plagen uns mit Schuldgefühlen. Du wirst wissen, wovon ich spreche.

Den Vögeln gleich

Der Mensch,
den die Sorge um die Zukunft
nicht mehr in den Fängen hält,
ähnelt den Vögeln in der Luft:
keine Angst vor dem Morgen –
völlig in der Gegenwart
leben …

Einfach leben

Als wirklicher Philosoph, der er war, glaubte Sokrates, ein weiser Mensch würde instinktiv ein einfaches Leben führen. Er selbst pflegte noch nicht einmal Schuhe zu tragen. Und doch fühlte er sich immer wieder vom Marktplatz angezogen und besuchte ihn oft, um die dort angebotenen Waren zu betrachten. Als einer seiner Freunde ihn fragte, warum er das täte, sagte Sokrates: „Ich gehe gerne hin, um festzustellen, wie viele Dinge es gibt, ohne die ich fantastisch auskomme.“

Wohin man blickt – überall Kummer, Einsamkeit, Angst, Verwirrung, Zwiespalt in den Herzen der Menschen – innerer und äußerer Zwiespalt. Angenommen, jemand würde dir einen Weg zeigen, auf dem du all dem entrinnen könnten? Angenommen, jemand könnte dir sagen, wie diesem gewaltigen Verlust an Energie, Gesundheit und Gefühlen, der von diesen Zwiespältigkeiten herrührt, ein Ende bereitet werden kann. Würdest du dies wollen?

Was haben wir davon?

Angenommen, jemand würde uns einen Weg zeigen, auf dem wir zu aufrichtiger Liebe, zu Frieden und Freundlichkeit gelangen könnten. Kannst du dir etwas Nützlicheres vorstellen?
Doch statt dessen gibt es Leute, die meinen, das große Geschäft, Politik und Wissenschaft seien nützlicher. Was hat die Erde davon, wenn ein Mensch auf den Mond geschossen wird, wenn wir auf der Erde nicht leben können?

„Warum sind Sie glücklich?"

Wahres Glück hat keine Ursache. Du kannst mich nicht glücklich machen. Du bist nicht mein Glück. Wenn du jemanden, der erwacht ist, fragst: „Warum sind Sie glücklich?", wird er antworten: „Warum nicht?"

Um das Glück zu erlangen, musst du gar nichts tun, denn das Glück kann man nicht erlangen. Weißt du auch warum? Weil wir es schon haben. Wie soll man auch etwas erlangen, was man schon besitzt? Aber warum erfährst du es dann nicht? Weil du zuerst etwas verlieren musst, und zwar deine Illusionen. Du brauchst nichts Zusätzliches, um glücklich zu sein; im Gegenteil, du musst etwas verlieren. Das Leben ist leicht, das Leben macht Spaß. Es ist nur hart zu deinen Illusionen, Ambitionen, Sehnsüchten.

Weißt du, woher das alles kommt? Daher, dass du dich mit allen möglichen Aufklebern identifiziert hast.

Was für ein Gefühl?

Was für ein Gefühl erfüllt dich, wenn du die Natur erlebst, oder wenn du in Arbeit vertieft bist, die du liebst? Oder wenn du wirklich mit jemanden, dessen Gesellschaft du liebst, offen und vertraut sprichst, ohne dich anzuklammern? Was für Gefühle hast du da? Vergleiche diese Gefühle mit denen, die dich erfüllen, wenn du einen Streit gewinnst, wenn du geschätzt wirst, oder wenn man dir applaudiert. Diese letztgenannten Gefühle nenne ich weltliche Gefühle; die ersten seelische Gefühle. Viele Menschen gewinnen die Welt und verlieren ihre Seele.

Glänzender Stein

Der Gedanke, dass alles in der Welt vollkommen ist, überstieg das Maß dessen, womit die Schüler einverstanden sein konnten. So fasste es der Meister in Begriffe, die ihrem Verständnis besser entsprachen.

„Gott webt vollkommene Muster mit den Fäden unseres Lebens“, sagte er, „sogar mit unseren Sünden. Der Grund, warum wir dies nicht erkennen, liegt darin, dass wir die Rückseite des Teppichs betrachten.“ Und noch prägnanter: „Was manche Leute für einen glänzenden Stein halten, erkennt der Juwelier als einen Diamanten.“

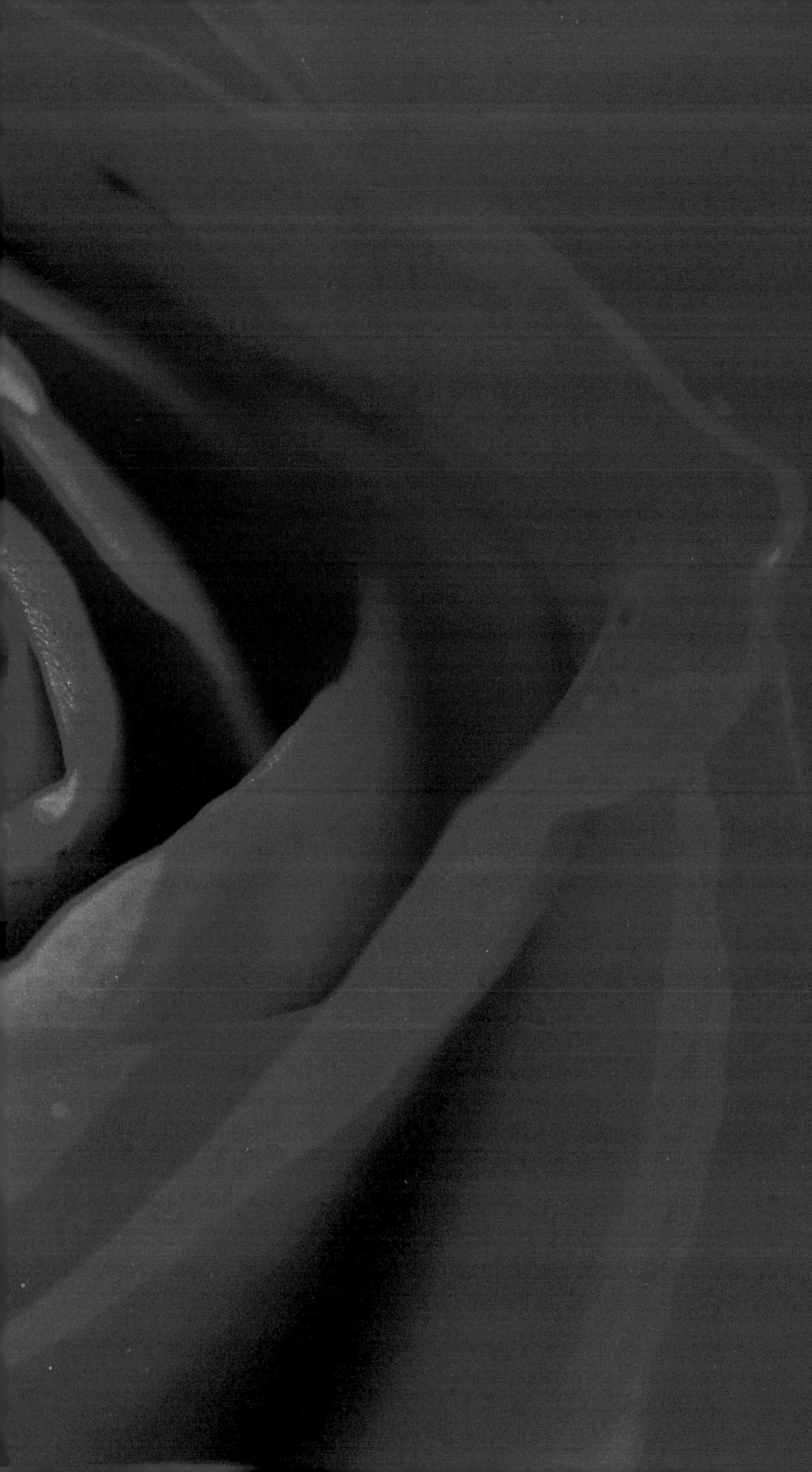

Die reine Güte der Rose

Was ist Liebe? Nimm zum Beispiel eine Rose: Kann die Rose sagen: „Für gute Menschen will ich meinen Duft verströmen, doch vor bösartigen halte ich ihn zurück“? Oder kannst du dir eine Lampe vorstellen, die einem boshaften Menschen, der in ihrem Schein gehen möchte, nicht leuchtet? Sie wäre dann keine Lampe mehr. Und wie wahllos spendet ein Baum allen seinen Schatten: Guten und Bösen, Jungen und Alten, Hohen und Niedrigen – Menschen, Tieren, jedem Lebewesen, sogar dem, der ihn fällen möchte.
Somit ist das erste Merkmal der Liebe: Sie wählt nicht aus. Betrachte mit Staunen die reine Güte der Rose – hier hast du ein Bild dessen, was letztlich Liebe ist.

Die Quelle

Ich stelle mir vor, ich begebe mich an einen einsamen Ort. Ich verbringe einige Zeit damit, die Gegend zu erkunden. Dann lasse ich mich nieder, um mein Leben zu betrachten.
Ich sehe, wie oft ich nach außen jage – nach Menschen, Beschäftigungen, Orten, Dingen –, auf der Suche nach Kraft und Ruhe und Sinn, und dabei vergesse, dass die Quelle all dessen in meinem Herzen ist. Hier muss ich sie suchen.
Jeder Mensch trägt Gedanken in sich, die ihm auf der Stelle Frieden bringen können. Ich suche die meinigen.
Was für Gedanken machen mich warm und gütig und vertreiben Hass und Ärger aus meinem Herzen?
Was für Gedanken machen mein Leben sinnvoll, bringen mir Zufriedenheit und Freude, treiben mich an zu dienen?

Beleben – wärmen – heilen

Ich erinnere mich, dass es eine Quelle in mir gibt, die nicht auf Gedanken
angewiesen ist, um mir alles zu geben, was ich brauche.
Ich mache einen indirekten Versuch, sie zu erreichen, indem ich mir eine licht-
durchflutete Höhle in meinem Herzen vorstelle. Als ich eintrete, dringt das Licht in
mich ein. Ich kann fühlen, wie seine Strahlen beleben und wärmen und heilen.
So sitze ich in schweigender Anbetung mitten in der Höhle meines Herzens,
und das Licht sickert durch alle Poren in mich ein.

Entspannt

Viele meinen, wenn sie keine Sehnsüchte hätten, wären sie wie ein Stück Holz. In Wirklichkeit würden sie jedoch ihre Verspanntheit verlieren. Befreie dich von deiner Angst zu versagen, von deiner Anspannung, Erfolg haben zu müssen, und du wirst bald du selbst sein. Entspannt. Du wirst dann nicht mehr mit angezogener Handbremse fahren. Genau all das wird geschehen.

Pech? Glück?

Eine chinesische Geschichte erzählt von einem alten Bauern, der ein altes Pferd für die Feldarbeit hatte.

Eines Tages entfloh das Pferd in die Berge, und als alle Nachbarn des Bauern sein Pech bedauerten, antwortete der Bauer: „Pech? Glück? Wer weiß?"

Eine Woche später kehrte das Pferd mit einer Herde Wildpferde aus den Bergen zurück, und diesmal gratulierten die Nachbarn dem Bauern wegen seines Glücks. Seine Antwort hieß: „Glück? Pech? Wer weiß?"

Als der Sohn des Bauern versuchte, eines der Wildpferde zu zähmen, fiel er vom Rücken des Pferdes und brach sich ein Bein.

Jeder hielt das für ein großes Pech. Nicht jedoch der Bauer, der nur sagte: „Pech? Glück? Wer weiß?"

Ein paar Wochen später marschierte die Armee ins Dorf und zog jeden tauglichen jungen Mann ein, den sie finden konnte. Als sie den Bauernsohn mit seinem gebrochenen Bein sahen, ließen sie ihn zurück.
War das nun Glück? Pech? Wer weiß?
Was an der Oberfläche wie etwas Schlechtes, Nachteiliges aussieht, kann sich bald als etwas Gutes erweisen.
Und alles, was an der Oberfläche gut erscheint, kann in Wirklichkeit etwas Böses sein. Wir sind weise, wenn wir Gott die Entscheidung überlassen, was Glück und was Unglück ist, wenn wir ihm danken, dass für jene, die ihn lieben, alles zum Besten gedeiht.

Unglaublich!

Der Gouverneur unterbrach eine Reise, um dem Meister seine Ehrerbietung zu erweisen. „Staatsgeschäfte lassen mir keine Zeit für lange gelehrte Abhandlungen“, sagte er. „Könntet Ihr das Wesentliche der Religion für einen aktiven Menschen wie mich in einem oder zwei Absätzen zusammenfassen?“

„Ich werde es mit einem einzigen Wort zum Nutzen Eurer Hoheit ausdrücken.“

„Unglaublich! Wie lautet dieses außergewöhnliche Wort?“

„Stille.“

Duft einer Rose

Der Meister fragte:
„Wer kennt
den Duft einer Rose?“

Alle kannten ihn.

„Kleidet ihn in Worte!“

Alle schwiegen.

Zum Wunder zurückkehren

Es ist traurig, wenn wir durchs Leben gehen und es niemals mit den Augen eines Kindes sehen. Das heißt nicht, dass du jetzt auf alle deine Begriffe verzichten solltest; sie haben durchaus ihren Wert. Dank ihrer entwickeln wir unsere Intelligenz. Wir sind eingeladen, nicht Kinder, sondern wie die Kinder zu werden. Wir müssen den alten Menschen in uns ablegen, unser altes Wesen, das beeinflusste Ich, und in den Stand des Kindes zurückkehren, ohne ein Kind zu sein.

Zu Beginn unseres Lebens betrachten wir die Wirklichkeit als Wunder, aber nicht mit dem intelligenten Staunen der Mystiker, sondern mit dem gestaltlosen Staunen des Kindes. Danach vergeht das Wunder und macht der Langeweile Platz, weil wir die Sprache entwickeln mit ihren fixierenden Wörtern und Begriffen. Danach – hoffentlich – können wir, wenn wir Glück haben, wieder zum Wunder zurückkehren.

… beobachtet werden

Auf die Frage, mit welchem Gefühl Erleuchtung zu vergleichen sei, sagte der Meister: „Es ist, wie in eine Wildnis einzudringen und plötzlich zu fühlen, dass du beobachtet wirst."

„Von wem?"

„Von Felsen, Bäumen und Bergen."

„Ein unheimliches Gefühl!"

„Nein, ein durchaus wohltuendes. Weil es aber ein ungewohntes Gefühl ist, sieht man sich getrieben, Hals über Kopf in die Alltagswelt der Menschen zurückzukehren – in ihren Lärm, ihren Wortschwall, ihr Gelächter –, in eine Welt, die uns von der Natur und Wirklichkeit abgeschnitten hat."

Der Segen der Augenlider

Nachdem sich einer seiner Schüler eines Vergehens schuldig gemacht hatte, erwarteten alle, dass der Meister ihn exemplarisch bestrafen würde.
Als ein voller Monat vorübergegangen war, ohne dass er etwas getan hatte, machte man dem Meister Vorwürfe:
„Wir können nicht übersehen, was passiert ist.
Schließlich hat uns Gott Augen gegeben."
„Ja", erwiderte der Meister, „und Augenlider."

Kosmische Stille

Einige Schüler hatten bei einem Ausflug den Gipfel eines Berges erreicht. Weit und breit herrschte kosmische Stille. Es reizte sie zu wissen, ob vielleicht des Nachts irgendwelche Geräusche zu hören seien. So schalteten sie ein Tonbandgerät ein, stellten es vor den Eingang ihres Zeltes und legten sich zur Ruhe. Nachdem die Schüler wieder in ihr Kloster zurückgekehrt waren, spielten sie das Tonband ab. Doch kein Ton, kein Laut – vollständige, makellose Stille!

Der Meister, der das Tonband mit abhörte, platzte heraus: „Hört ihr es nicht?"

„Was hören?"

„Den Klang der Galaxien in Bewegung", sagte der Meister.

Die Schüler schauten einander verwundert an.

Das Lied eines Vogels

Ein Mönch ging eines Tages im Klostergarten spazieren und hörte dabei das Lied eines Vogels. Verzaubert lauschte er.
Ihm war, als hätte er nie zuvor einen Vogel singen hören, ihn wirklich gehört. Als das Lied zu Ende war, ging er ins Kloster zurück und entdeckte zu seiner Bestürzung, dass er für seine Mitbrüder ein Fremder war und sie für ihn. Nur langsam wurde ihm und ihnen klar, dass er nach Jahrhunderten zurückgekehrt war. So versunken hatte er gelauscht, dass die Zeit stehen geblieben und in die Ewigkeit hinübergeglitten war.

Ich liebe …

Ich stelle mir vor, ich hätte einen ganzen Tag
zur Verfügung, den ich allein auf einem Berggipfel
verbringen könnte …
Einsamkeit ist Zusammensein: Hier begegne ich mir
selbst, der ganzen Schöpfung und dem Sein.
Außerhalb der Einsamkeit bin ich zerstreut und geteilt.
Ich schaue auf die ganze Schöpfung und ziehe sie an
mein Herz:
Ich liebe die Vögel und Tiere … die Bäume … die Sonne …
die Luft … die Wolken … das Gras … die Berge … Flüsse …
Seen … die Erde … und die Sterne … und das Weltall …

Ich liebe das erfrischende Wasser, das ich trinken
und auf mein Gesicht spritzen werde ...
Ich liebe den Verkehrslärm in der Ferne ...
die Straßen ... die Felder ... die Fabriken ...
die Wohnhäuser ... die Theater, Läden und Gaststätten ...
Ich liebe die Menschen, denen ich heute begegnen werde,
und drücke sie alle an mein Herz ... und ich liebe alle
Menschen überall und an allen Enden der Erde ...
und vergangene Völker ... und die Völker
späterer Jahrhunderte ...
In der Einsamkeit gewinne ich die Einsicht und Tiefe,
um dies zu vermögen.

Woher, wohin?

Was ist dieses Geheimnis, das wir als Leben bezeichnen? Wir hängen uns an Menschen, lieben sie innig und müssen uns dann wieder von ihnen trennen ... Der Geist weht, wir wissen nicht woher, er verweht, wir wissen nicht wohin ...
Wir werden geboren, um getrennt zu werden. Denn darin besteht das Geborenwerden: im Getrenntwerden vom Schoß unserer Mutter. Genauso das Wieder-Geborenwerden: eine Trennung und ein Lebwohl. Unablässig müssen wir uns von denen, die wir lieben, wieder fortbewegen, müssen immer wieder Lebwohl sagen und uns trennen. Ganz tief, an der Wurzel unseres Wesens, ist jeder von uns letztlich allein.

Am Schluss müssen wir uns vom Tod trennen lassen, nicht nur von unseren Freunden und denen, die wir lieben, sondern sogar von unserem Körper und von unserem eigenen Charakter ... Welcher Teil unserer selbst wird bleiben? Vielleicht dieses letzte Stück, an das niemand zu rühren vermag ... das geheimnisvolle, unbekannte ..., das wir „Geist“ nennen könnten ... der kommt, wir wissen nicht woher, und geht, wir wissen nicht wohin.
Wenn wir mit diesem Geist in Berührung kommen, werden wir wirklich wiedergeboren.

Wunder im irdenen Gefäß

Der Meister besaß das, was unter den Begriff „Ehrfurcht vor dem menschlichen Leib" fällt. Als ein Schüler den Leib als ein „irdenes Gefäß" einstufte, zitierte der Meister begeistert den Dichter Kabir:

„Im Innern dieses irdenen Gefäßes
sind tiefe Schluchten und Himalaja-Berge,
die sieben Meere sind da
und tausend Millionen Milchstraßen,
die Musik der Sphären
und die Quelle von Wasserfällen
und Flüssen."

Knoten in Gottes Schnur

Eine der beunruhigenden und wunderbaren Lehren des Meisters lautete: „Gott ist Sündern näher als Heiligen." Und so erklärt er es: Gott im Himmel hält jeden Menschen an einer Schnur. Wenn man sündigt, zerschneidet man die Schnur. Dann knüpft Gott sie mit einem Knoten wieder zusammen und zieht einen dadurch etwas näher an sich heran. Immer wieder schneiden deine Sünden die Schnur durch und mit jedem weiteren Knoten zieht dich Gott näher und näher.

TEXTQUELLEN

Die Texte dieses Bandes wurden aus folgenden Büchern von Anthony de Mello ausgewählt, erschienen im Verlag Herder:

Dass ich sehe. Meditation des Lebens.
Aus dem Englischen von Matthilde Wiemann,
Freiburg/Basel/Wien, 6. Auflage 1994.

Eine Minute Unsinn. Weisheitsgeschichten.
Illustrationen von Jules Stauber.
Aus dem Englischen von Franz Johna,
Freiburg/Basel/Wien,
8. Auflage 2003 (Taschenbuchausgabe Herder/Spektrum,
Band 5161.

Eine Minute Weisheit.
Aus dem Englischen von Ursula Schottelius,
Freiburg/Basel/Wien, 6. Auflage 2003
(Taschenbuchausgabe Herder/Spektrum, Band 4985.

Die Fesseln lösen. Einübung in erfülltes Leben.
Aus dem Portugiesischen von Irene Lucia Johna,
Freiburg/Basel/Wien, 7. Auflage 2000.

Der springende Punkt. Wach werden und glücklich sein. Illustrationen von Jules Stauber.
Vorwort und herausgegeben von J. Francis Stroud S.J.
Aus dem Englischen von Irene Lucia Johna, Freiburg/Basel/Wien,
11. Auflage als erweiterte Neuausgabe 2001.

Geschichten, die gut tun. Weisheit für jeden Tag.
Herausgegeben von Jörg Lix, Freiburg/Basel/Wien,
3. Auflage 2002.

Von Gott berührt. Die Kraft des Gebetes. Aus dem Englischen von Radbert Kohlhaas, Freiburg/Basel/Wien, 7. Auflage 1998.

Warum der Schäfer jedes Wetter liebt.
Weisheitsgeschichten. Illustrationen von Jules Stauber.
Aus dem Englischen von Ursula Schottelius,
Freiburg/Basel/Wien, 11. Auflage 1998
(Taschenbuchausgabe Herder/Spektrum Band 4523,
4. Auflage 1999).

Warum der Vogel singt. Weisheitsgeschichten.
Illustrationen von Jules Stauber.
Aus dem Englischen von Ursula Schottelius, Freiburg/Basel/Wien 1993
(Taschenbuchausgabe Herder/Spektrum, Band 4893,
25. Auflage 2000).

Was weiß der Frosch vom Ozean? Weisheit für Kopf und Herz.
Herausgegeben und eingeführt von William Dych S.J.
Aus dem Englischen von Franz Johna, Freiburg/Basel/Wien, 2002.

Wer bringt das Pferd zum Fliegen? Weisheitsgeschichten.
Vorwort von Parmananda R. Divakar.
Illustrationen von Jules Stauber.
Aus dem Englischen von Ursula Schottelius, Freiburg/Basel/Wien,
8. Auflage 2002 (Taschenbuchausgabe Herder/Spektrum,
Band 4963.

Wie ein Fisch im Wasser. Einladung zum glücklichen Leben.
Illustrationen von Jules Stauber.
Aus dem Englischen von Irene Lucia Johna, Freiburg/Basel/Wien,
9. Auflage 2003 (Taschenbuchausgabe Herder/Spektrum,
Band 4889.

Wir hörten den Vogel singen. Meisterliche Weisheit von und mit Anthony de Mello. Aus dem Englischen von Franz Johna,
Freiburg i. Br. 2003.